NOTICE

BRIEULLES-SUR-MEUSE

Par M. C. Bonnabelle

I.

Brieulles-sur-Meuse (1) est un beau village de l'arrondissement de Montmédy et du canton de Dun. Il est bâti sur la rive gauche de la Meuse (2), au pied

---

(1) On le trouve cité, à différentes époques, ainsi qu'il suit : *Briodorum*, 981, cartulaire de Saint-Paul de Verdun ; 1019 : bulle de Léon IX ; 1147, 1169, 1175 : cart. de Saint-Paul. — *Ecclesia in Briodoro*, 1138 : *ibid.* — *Briodore*, 1169 : *ibid.* — *Briola.* 1169, 1183, 1191, 1197, 1235 : *ibid.* — *Briolæ, Briolæti* : chartes de 1181 et 1261. — *Briaculeum* : charte de 1228. — *Brieulle* : charte d'affranch. de 1261 ; carte des États des 700. — *Brieules*, 1265 : chap. de Montfaucon, arch. de la Meuse. — *Brielles*, 1293 : cart. de la cathéd. de Verdun. — *Brieules-sor-Meuse en la diocése de Rains*, 1296 : *ibid.* — *Brieules-sur-Meuze*, 1556 : proc.-verbal des coutumes. — *Santa-Maria de Brioliis*, XVIe siécle : pouillé mst de Reims. — *N.-D. de Brieule sur la Meuse*, 1618 : pouillé. (Voir *Dictionnaire topograph. de la Meuse*, par M. Félix Liénard, in-4°, p. 36, et *Annuaire de la Meuse.* 1883, in-12, p. 64).

(2) Outre la *Meuse*, qui coule du sud au nord du territoire de Brieulles en parcourant les prés sur une longueur de plus

d'un versant peu incliné. Les chemins d'intérêt commun n° 49, de Sivry-sur-Meuse à Saint-Juvin (Ardennes), et n° 64, de Montfaucon à Dun et aux Ardennes traversent son territoire. Il a pour limites : Cléry-Petit et Cléry-Grand au nord, Septsarges et Nantillois au sud, Vilosnes et Liny à l'Est et Cunel à l'Ouest. Sa distance est de 70 kilomètres de Bar-le-Duc, 32 de Montmédy, 7 de Dun et 66 de Saint-Mihiel, chef-lieu judiciaire de la cour d'assises. La population de cette localité est de 800 habitants (1), abrités par 271 maisons, dont plusieurs sont très-jolies ; on y trouve deux maisons d'école pour l'instruction de la jeunesse et une salle d'asile pour l'enfance.

Placé non loin de la voie consulaire de Reims à

de 7 kilomètres, il y a encore d'autres cours d'eau qui arrosent le territoire de cette commune : 1° le *Wassieu* ou *Woissieu*, gros ruisseau qui coupe le village en deux, et sur lequel quatre ponts sont jetés ; ses bords sont garnis de quais revêtus de pierres de taille ; il fait fonctionner le moulin de l'Etange et le moulin dit d'En-Bas, et va se jeter dans la Meuse ; 2° le *Ponthieu*, affluent du Woissieu ; 3° les ruisseaux de *Bonne-Fontaine* et de *Florivaux* ; 4° ceux de *Sous-Fontaine* et de *Norante* ou *Noventes* (indiqué *la Norande* sur la carte de Cassini). Ce ruisseau prend sa source sur le territoire de Cunel, coule entre les bois de Forêt et des Aisements, et va se jeter dans la Meuse, entre Briculles et Cléry-le-Petit après un cours de 4 kilomètres.

(1) En 1631, on comptait à Briculles 200 ménages ; 700 communiants, 200 hommes propres à porter les armes, dont moitié au service de France.; en 1646, quand la Lorraine se voyait accablée de toutes les misères, on y comptait encore 45 charrues, qui furent réduites à dix les années suivantes ; en 1851, la population, selon M. Jeantin (*Manuel de la Meuse*, 1861, t. I, p. 268), était de 1,002 habitants ; — en 1804, y compris Ville-aux-Bois et l'Etange, le chiffre de la population était descendu à 779, dont 378 hommes et 401 femmes. — Le recensement officiel de 1861 accusait 942 habitants ; celui de 1872 : 835 ; celui de 1876 : 800.

Metz, l'existence de Brieulles paraît remonter au-delà du temps de la domination romaine dans les Gaules. De cette dernière époque, on y a trouvé des médailles consulaires et impériales de Jules César, de Titus Quintus, de Flaminius Marcus et autres dans des fondations de constructions antiques enlevées par plusieurs habitants de la commune. Dans les fouilles qui s'y font encore, on retrouve des fragments de murailles très-épaisses, figurées en lignes droites, et quelques-unes comme aboutissant à des chambres circulaires. Des tuiles et des morceaux de poterie ont aussi été mis à jour.

Déjà important dès le x° siècle, nous le voyons figurer sous la date de 984 sur le cartulaire de l'abbaye de Saint-Paul de Verdun ; il est aussi rappelé dans une bulle donnée par le Pape Léon IX, en l'an 1049, en faveur de l'abbaye de Saint-Maur de la même ville : *Ad Briodorum mansos novem, cum molendino et ejus appenditiis*. Dans une charte où Godefroid-le-Grand trace les devoirs et les droits des voués de l'Eglise de Verdun (vers 1060), nous apprenons qu'à cette époque, Brieulles était sous la vouerie de Riculphe de Hani-Castres, et formait un appendice de l'ancien comté de Dore (1).

Cette localité était désignée sous le nom de *bourg* quand Gobert VI d'Apremont l'érigea en commune, et lui octroya la charte d'affranchissement que nous reproduisons ci-dessous, en la mettant aux assises, lois et mesures de la chatellenie de Han, qui, il faut bien l'avouer, était moins libérale que la charte dite de Beaumont :

« Je Gobert, Sire d'Apremont et de Dun,

« Et je Ansiaus de Guerlande, sire de Tournant et de Pourcesse,

« Faisons à scavoir à tous que cette charte verront et oiront que nous avons juré et mis en assise notre

---

(1) Jeantin, *loc. cit.*, p. 263.

village de Brieulles à la franchise et à la loi de Hans,
qui est telle :

« Chacun bourgeois de la ville doibt aux seigneurs
de chacune bête treyante, queil qu'elle soit, douze
deniers chascun an et doibt ly chevaux un septier
froment et ly bœuf pleine mine, à la mesure de Hans.

« Et chascun bourgeois qui n'as beste tréante,
doibt douze deniers et un septier froment si payre le
peut et si payre ne peut, ils paieront à l'eswart des
Eschevins de la ville.

« Chascune brebis doit un denier.

« Ces rentes doivent être rendues jusqu'à la feste
de Saint-Martin d'hiver et le jour tout le jour sans
occoison ; et le lendemain debveront cinq sous d'a-
mende, se il ne la retenoit pas les seigneurs ou par
le sergent qui la rente reçoit.

« On doit aux seigneurs des bêtes tréantes trois
courvées par an et li peuvent li seignours panre en
queils termes qu'ils vorront et dans l'année trois jours
l'un après l'autre et se ils ne les prenoient dedans
l'année li bourgeois en seroit quitte ne les peut jeter
dou ban de la ville pour les courvées faire.

« Chascun bourgeois doit aux seigneurs un seilleur aux moissons.

« Et qui fauchera pour lui ou pour autrui, il fauchera un jour pour li seignours et sera quitte de la
seille.

« Et qui ne paierait le seilleur et les courvées devant Noel et au jour qu'il en seroit semon, il paierait
douze deniers d'amende et le lendemain doibt revenir
aux courvées.

« Ly bourgeois doit aller chevachier les seignours
un jour et une nuit à leur coust et danqui en avant
au coust les seignours et si li seignours leur en de-
failloit, ils pourraient revenir sans forfait, et qui
emons seroit ni iroit ou envoiroit homme raisonnable
pour lui, il devroit 5 sous d'amende et s'il ne pouvoit
montrer chose raisonnable.

« La ville doit aide aux seignours, se ils font leurs

fils chevalier ou ils marient leur fille.

« Li signours doit avoir deux bans en l'an en la ville, un de moust et un de vin ; si doit chascun duere un mois et non pas en vendre en fête annuelle.

« Le chevalier vient en la ville, dedans et on ban, il peut boire et manger où il veut et li bourgeois avec lui et s'il est nuit ostel il mangera, lon pourra vendre son vin sans forfait.

« Li seignours doient avoir de chascun tonnel de vin que on vend à broche qui tient un muid de vin ou plus un septier de vin de toncage.

« Si aucun présent bourgeois délasse en la sienne chose pour la debte, li signour doit en ville venir à droit, li signour en doit délivrer et s'il ne l'en délivrait et li bourgeois se rembret li signour li doit rendre la droite raison et s'il ne li rendoit li bourgeois s'en doit tenir aux règles de la ville et se ne le pourroit ne le vouloit à droit venir li signours doit faire lour pouvoir dan délivrer par guerre, par signours et par amis en bonne foi de querelle dont le signour plaidoissent.

« Bourgeois de la ville ne se met en son homme se demeslie non se ce n'est par la cause de l'un et de l'autre.

« Li signours ne peut penre bourgeois, ne sa chose, soit par eschevins, non si ne n'est pour meurtre ou pour larrecin.

« Oil qui vend maison doit 12 deniers et qui l'achète 12 deniers et selon ce qu'on en vend, on en paie.

« Si aucun de dehors vient en la ville, fuyant, li bourgeois le doient retenir tant comme il veut droit faire et li doient donner congié à requeste des signours.

« Si li signours plaidoint homme de la ville et sy homme ne peut avoir plaige, s'il a maison ou terre de son, li signour il les doit retraire sur ce qu'il a et il doit fiencer qu'il ne peut avoir pleige si ce n'est de meurtre ou de larrecin.

« Tous les gages que on prend en la ville, doit-on garder 8 jours en la ville et puis vendre aux us et coutumes en la ville.

« Li bourgeois puent marier lor enfant là où ils veulent et où il peut mieux.

« Si aucun bourgeois marie sa fille de son meuble, la fille ne repart ni au frère ni en l'héritage ni en meuble. Si le père ne la mère vissant et se li frère mourit sans hoirs li héritaiges et li meubles reviennent au plus prochain hoir. Et si aucun bourgeois marie sa fille à homme de dehors, il lui peut donner de son meuble et ne li peut donner son héritage s'il ne la marie à homme qui en la ville demeure.

« On ne peut penre robe à femme, ne lit, pour debte, se la femme et le mari ne les livrent. Et ne peut-on penre robe à homme tant comme il ait sur lui, si ce n'est pour la rente des signours ou pour les usines de la ville.

« Se bourgeois fait meslée où il y ait sang, il doibt 15 sous d'amende et sans sang 5 sous et en jour de marché doublent li forfaits.

« De Chasteil que est entrée doibt 15 sous et se ils font paye, ils doient 7 sous et demi et se il y avait bataille de meurdre ou larcin s'il revient en la merci li signours qui en chan est.

« Il doit avoir 4 eschevins en la ville. Li ville les doit nommer et li signours les y doient mettrer et les doit-on remuer chacun an.

« Les eschevins doient être quittes des chevauchées et des corvées et ils doivent garder les charues des corvées si on les en semons et li seigneur leur doit leur fournissement, ainsi comme les charues.

« Si li signour plaidoit bourgeois de la ville pour meslée et il ne donne des jurés de la ville aux plaids et li signours s'en veulent mettre sur les jurés, li homme ne le peut oster.

« Il y a eslu 4 eschevins en la ville pour entaubuer les vins ; se on ne les peut entaubuer se par deux ne ou par plus ou qu'autrement l'estauberoit-il donneroit 5 sous d'amende dou tonnel bonas et 10 sols dou tonnel frumentait.

« Li signors doit avoir un bourgeois et un matenier peur posie les censiers.

« Chacun bourgeois peut depencer et vendre son héritage à homme que demeure de soub li signor de la ville, tant comme il est bourgeois de la ville et le doit garantir à celui à qui il vend un an et un jour.

« Et si aucun bourgeois s'en veut aller manoir dehors de la ville et il a fait vers la ville ce qu'il doit, li bourgeois et li signour doient conduyer lui et sa chose alor pouvoir à sa sauveté et puis qu'il en sera allé manoir hors de la ville tout le remenant sera ou signour, se il ne la tient par le cens au signour et se il veut venir redemeurer en la ville on le doit retenir à l'assise de la ville.

« Li signour doit conduire qui que il veut en sa dette vers les bourgeois de la ville tant que on ly ait contredit.

« Li bourgeois doient terrage à douze une, partout où la grosse dixme s'estend et se on tient terres d'autres signours que des signours de Brieulle en ban de la ville, là où l'on escpiroit le terrage par droit li signour le pouroit à l'huis de la grange à l'esward des eschevins autant comme il en devroit avoir en champs fors que en la terre que messire Richart tenoit de franc fief.

« Et se aucun laissait sa terre oyseuse en la saisie qu'elle devrait être emblauée il en doit payer le terrage et l'eswart des eschevins aussi bien comme si elle n'était emblauée. Et se il ne le voloit payer li signour puet panre la terre et saisir comme la lor.

Le bois de forêt des Meuses, jusqu'à la côte Charrière et de l'autre bois par dessus la côte Charrière ont li signour retenu la moitié par devers lor bois et li autre moitié demeure à li bourgeois par devers les champs de *Cunel,* et s'est encore li signour li bois qui est appelé Neluy bois et tout le remenant des bois qui sont en ban, haies et buissons sont à bourgeois pour faire lor volonté.

« Et se li bourgeois les voulaient mettre en défense ils pourront le faire et li forfais seroient les signours tant qu'on les a usés en la ville se en tombes et de simme dedans et en leur dehors.

« Et les vignes qui estoient au jour que cette charte fut faite ne doient point de terrage ne li coutil qui estoit clos à cel jour de haies vifs ou de fossés. Et sepuis y vouloient accroistre ne vignes, ne courtis, ils en debveroient terrage et se les vignes demeuroient terres arables, elles debveront terrage.

« Et se li signours viennent en la ville, li bourgeois doint dens à lor compagnie les conserver et ne les puent li doien sans li eschevins et doient héberger leurs chevaux au coust les signours.

« Doient demeure a bourgeois les terres qui furent esbieurées pour pasturage de la ville, ainsi comme les paquis de la ville font.

« Et pour que ce soit chose ferme et stable, nous avons scellé cette charte de notre scéel, à la requeste des bourgeois et lor devons tenir cette franchise nous et notre hoir en perpétuité.

« Ce fut fait en l'an de l'incarnation de notre Seigneur, quant li milliares corroient par mil deux cent soixante et un an, mois de juin et scellé de cire jaune sur double queue de soie rouge (1). »

Les habitants de Brieulles vécurent pendant plusieurs siècles sous cette charte. Plus tard, la suzeraineté fut indivise entre les rois de France, comme comtes de Champagne, et les ducs de Lorraine, comme ducs de Bar. Louis XIV s'étant emparé d'une partie des duchés, donna Brieulles avec d'autres seigneuries au prince de Condé, en 1648, après la conclusion de la paix qui mit fin à la cruelle guerre de

____

(1) Cette charte est rapportée par M. Jeantin, dans ses *Chroniques de l'Ardenne et des Woëpures*, in-8°, t. II, p. 293; et par M. Dumont, *Ruines de la Meuse*, in-8°, 1869, t. III, p. 394-400.

Trente ans. Le prince de Condé se substitua alors au duc de Lorraine dans tous les droits seigneuriaux, sauf pour les droits particuliers qui avaient été engagés en 1587, et qui furent rachetés par le prince Louis de Bourbon-Condé, par acte du 18 novembre 1759, sur les représentants du sire de Cadenet pour un huitième, de J.-C. de Jourland (1) pour deux huitièmes, et de Pierre de Laboulaye, sire du Bois de l'Or, et son cohéritier, Guillaume Cola du Vesly, pour le dernier huitième (2).

En 1634, Brieulles était le siége d'une capitainerie générale comprenant huit escouades. Son commandant, présenté par les habitants, était nommé par les gouverneurs des villes de Dun et de Stenay. Les derniers capitaines furent les sieurs de Grandmaison et de Cadenet. (3).

Brûlé en 1582, Charles VII, dit le Grand, étant assis sur le trône ducal de Lorraine, et Henri III sur celui de France ; — et en 1622, sous le règne de Louis XIII, et de Henri II, fils et successeur de Charles III — Brieulles le fut encore une troisième fois, le 14 mars 1636, par ordre de Richelieu, qui faisait détruire et raser, dans les deux duchés, les chateaux et forteresses qui auraient pu servir de repaire aux marauders de tous les pays qui s'étaient répandus dans la campagne, en même temps qu'il se plaisait à châtier, de cette façon, leurs possesseurs hostiles au parti de la France en restant fidèles à leur souverain légitime. C'est à cette époque de vandalisme que se rapportent les plus grands malheurs qui ont désolé la Lorraine, car, selon plusieurs historiens dignes de foi, pendant les années 1635, 1636 et 1637, « plus de six cent mille

____

(1) Les Jourland portaient pour armoiries, *d'or, au lion rampant de gueules.*

(2) Jeantin, *loc. cit.*, p. 271.

(3) V. *infrà*, la note biographique.

victimes périrent par la peste, la famine, le glaive:
le froid et la dent des bêtes féroces. »

Pour bien apprécier les faits, reportons-nous au
temps où ils se sont passés. Ainsi la peste qui éclata
en Lorraine, en 1636, n'épargna pas non plus le village de Brieulles. Ce fléau y fit son apparition au
commencement du mois de juin de ladite année et ne
disparut qu'au milieu du mois de décembre suivant,
après y avoir fait près de 300 victimes, parmi les-
quels se trouvèrent 12 ou 13 religieux Prémontrés,
de divers monastères, dont la plupart avaient con-
tracté le mal en assistant les pestiférés.

« Pendant ce temps-là, rapporte un religieux con-
temporain (1), nous disions tous les jours la messe
sous une *ravalée* devant la maison de la cure, à laquelle on consacrait autant d'hosties. que depuis le
jour précédent il s'était trouvé de malades. Que tous
les jours on visitait charitablement et entendait-on
confession fort diligemment. La façon d'administrer
les sacrements était telle : après la messe, le prêtre
revêtu de surplis et étole, accompagné d'un religieux
pour l'ordinaire, ou d'un petit garçon avec lanterne
et clochette pour avertir, mettait la sainte hostie,
qu'il tirait d'une boîte d'ivoire, dans une écuelle de
terre, faute d'un verre, au fond de laquelle il y avait
ou un peu de vin ou de l'eau dans laquelle ayant légè-
rement mouillé la sainte hostie, il la tirait sur le
bord ; puis étant retirée, celui ou celle qui soulageait
le malade venait avec grande révérence prendre l'é-
cuelle et la serviette sur laquelle on l'avait posée le
plus révéremment qu'il était possible, la présentait
au malade, qui, la recevant, la prenait à deux mains,
puis approchant sa bouche du bord où était la sainte
hostie attachée, la soulevait, et à l'aide de l'eau qui

---

(1) Le P. Macaire Guinet, dans un manuscrit qu'il a laissé
sur les choses advenues en ce temps.

était au fond, elle se détachait, et ainsi elle s'avalait fort facilement et promptement.

Cette même année 1636, pendant qu'*Alberte-Barbe d'Ernecourt, dame de Saint-Balmont* (en l'absence de son mari, qui guerroyait avec le duc de Lorraine), défendait, à la tête de ses paysans, ses domaines et ceux de ses voisins, contre des compagnies de soldats français et de croates qui poussaient jusqu'à Neuville enlever ses bestiaux, une autre femme, *Marguerite Vassault* (1), *dame de Florimont*, à la tête des femmes de Brieulles, une pertuisane (2) à la main, repoussait les austro-espagnols qui assiégeaient le château. Quinze ans après, le village étant encore attaqué, Marguerite reprit la défensive, et, quoique blessée à la joue par un éclat de grenade, elle obtint un heureux succès. La reine Anne d'Autriche, apprenant les exploits de cette femme courageuse, la récompensa en lui allouant une pension.

Après tant de calamités, le peuple — gouvernants et gouvernés — porta ses regards vers le Très-Haut et implora sa miséricorde par l'intercession de la Vierge, Reine du ciel et de la terre, et se porta en foule, au moyen des pélerinages, dans ses sanctuaires bénis, et principalement à Benoîte-Vaux, où l'image vénérée de Marie avait été replacée par la piété de Madame de Saint-Balmont. L'année 1641 fut nommée *l'année des pélerinages*, car durant six mois, de juin à novembre, on ne compta pas moins de cent sept paroisses, de tous les points de la Lorraine (3) et du

---

(1) Les Vassault portaient pour armoiries : *d'argent à une croix de gueules, dentelée de sable, et chargée de cinq coquilles d'or.*

(2) La pertuisane, plus légère que la hallebarde, ne dépassait guère la taille d'un homme.

(3) Les notables habitants de Nancy, ayant à leur tête les magistrats de la cité, se rendirent cette année au sanctuaire de Benoîte-Vaux.

Barrois qui se rendirent processionnellement au sanctuaire de Notre-Dame de Benoite-Vaux. La paroisse
de Brieulles fut du nombre. Le 22 septembre fut
choisi par Messieurs de Dun pour se joindre à elle :
ce qui, écrit le P. Macaire Guinet, vicaire résident de
Brieulles, s'accomplit fort dévotement. « Ce jour-là,
chantant et priant, nous allâmes à Dugny au gîte,
où, après avoir fort peu reposé, la lune levée, nous
nous mimes en chemin pour parfaire notre pèleri-
nage. J'entendis les confessions de la plupart des
pélerins par le chemin, nous arrivâmes de grand
matin à la chapelle, où tous firent leur devoir de
communion, offrant leurs vœux et sacrifices de
louange à la très-heureuse Mère de Dieu. On fit si
grande diligence, qu'après que les enfants de Dun
eurent récité les vers qu'ils avaient appris à la
louange de Marie et que chacun eut satisfait à sa
dévotion, nous vinmes encore au gîte à Verdun, où
nous fûmes reçus fort honorablement de la garnison
qui fit haie, et de tout le peuple qui admirait la dévotion et le chœur de nos petits anges, qui chantaient
les litanies. Quatre religieux de Saint-Paul en surplis vinrent nous recevoir hors la ville, et quatre à la
porte de l'église, deux en chapes et deux avec des
flambeaux pour honorer la petite image de Notre-
Dame de Brieulles que je portais. Les cloches, les
orgues et toutes sortes de démonstrations de joie et
de dévotion ; après un petit mot d'exhortation on se
retira. Le lendemain, avec les mêmes cérémonies,
nous sortimes de la ville ; par les villages, on hono-
rait la procession, et à Vilosnes nous fîmes la sépa-
ration, et après un remerciment et une salutation
réciproque, Messieurs de Dun retournèrent par Lini,
et nous passâmes la rivière pour retourner à Brieulles ; ceux qui étaient demeurés vinrent au devant, et
nous conduisirent à l'église où tous apprirent le profit
qu'il faut tirer de telle dévotion. »

Quand Louis XIV donna, en 1648, la Seigneurie
de Brieulles, avec le Clermontois en apanage au

prince de Condé, ce village était sous la juridiction du bailliage et du présidial de Reims, et ressortissait au parlement de Paris ; sous les Condé, la juridiction fut transportée au bailliage de Clermont, siégeant à Varennes.

La Révolution de 1789 ayant supprimé les majorats, Brieulles fut alors régi par le droit commun. En 1791, lors de l'organisation du département, cette commune fut l'une de celles qui composèrent le district de Montmédy : le canton de Dun, sous la juridiction de la justice de paix de ce canton. Il y avait 130 citoyens actifs (1).

Aujourd'hui, comme nous l'avons dit, elle fait partie de l'arrondissement de Montmédy et du canton de Dun.

La superficie totale de territoire est de 2,405 hectares 46 ares 85 centiares, divisée en 60,707 parcelles (2). D'après la statistique agricole dressée en 1881,

---

(1) C'est-à-dire électeurs devant payer, pour des contributions, la valeur de trois journées de travail, soit 4 fr. 50 c.

(2) D'après la matrice cadastrale dressée en 1824, les propriétés se divisent ainsi, selon leur nature et leur contenance :

	HECT.	A.	C.
Terres labourables	1281	42	21
Prés fauchables	221	91	11
Vignes	35	82	81
Bois taillis	10	99	46
Jardins	5	40	91
Vergers	14	60	83
Bois et terrains plantés	696	69	44
Chénevières	2	61	03
Pâtis	2	67	90
Oseraies	»	20	20
Broussailles	»	50	80
Sols et aisances	7	20	60
Rivières et ruisseaux	16	89	78
Noues	»	09	30

les bois communaux y figurent pour 547 hectares (1) et les bois particuliers pour 162 hectares.

Les revenus communaux se sont élevés, en 1882, à la somme de 12,355 fr.; ceux du bureau de bienfaisance à celle de 659 fr. (2).

Ce village est essentiellement agricole. Deux foires aux bestiaux y ont été établies par ordonnance royale du 26 décembre 1826: la première de ces foires doit se tenir le 6 mars et la seconde le 20 septembre de chaque année, mais aujourd'hui elles sont si peu importantes, qu'elles ne sont plus surveillées par le vétérinaire d'arrondissement (3).

Le plus ancien registre de l'état civil remonte à 1660, sans lacunes, pour les archives communales, et à 1692, pour les archives judiciaires.

Les maires qui ont administré la commune depuis la Révolution sont :

An IV à l'an IX : Henry Noizet ;

J.-Pierre Deville ;

An IX à 1814: Nicolas Guélaud ;

Chemins	26	20	10
Friches	5	66	50
Le total des propriétés imposables est de.	2280	36	37
Celui des propriétés non imposables de ..	125	08	68
Total de la superficie du territoire....	2405	44	85

(1) Ces bois, abornés le 6 avril 1673, furent donnés à la communauté par diverses chartes, parmi lesquelles on cite celles de juillet 1200 et juin 1261, lesquelles chartes ont été confirmées par lettres patentes de Henri IV en 1606 et 1607.

(2) *Situation financière des communes*, 1882. Nancy, Berger-Levrault, p. 5.

(3) Le recensement d'octobre 1881 constate la présence de 1903 têtes de bétail dans la commune, savoir : espèce chevaline : 100 chevaux et 90 juments; espèce bovine: 5 taureaux, 36 bœufs, 151 vaches, 70 génisses et 35 veaux ; espèce ovine: 810 de la race du pays; espèce porcine: 480; caprine : 70; canine : 53.

1814 : Jérémie de Condé ;
1833 : P. Vitry ;
1838 : J. Robert ;
1841 : A.-J.-J.-B. Bernier ;
1849 : Alexandre de Saint-Balmont de Condé ;
1854 : Guélaud ;
1862 : Bernier ;
1866 : Hanse Isidore ;
1871 : Alexandre de Saint-Balmont de Condé ;
1876 : J.-B. Bridet ;
1878 : Bernier ;
1882 : Lecrique.

N'oublions pas de mentionner une vieille légende : les anciens rapportent que près de Cunel, dans la portion du Lois dit *le Caillou*, la Sainte-Ampoule, servant au sacre du couronnement des rois de France, y aurait été cachée ; aussi, pour cette cause, le village de Brieulles jouit-il d'un insigne privilége : quand un orage éclate, on le voit se partager vers Mont et Montfaucon, et n'occasionner que bien rarement des ravages sur le territoire de la commune.

II.

Dans l'ordre spirituel, la paroisse de Brieulles faisait autrefois partie du diocèse de Reims, de l'archidiaconé de Champagne et du doyenné de Dun ; l'abbé de Saint-Paul de Verdun en était décimateur. Depuis le nouveau concordat, il fait partie du diocèse de Verdun, de l'archiprêtré de Montmédy et du doyenné de Dun.

L'église de Brieulles fut donnée par Willelmus, archevêque de Reims, cardinal du titre de Sainte Sabine, fils de Thiébaut, comte de Champagne, à l'abbaye de Saint-Paul de Verdun, en l'an 1161, par suite de l'abandon qui leur fut fait de ce bénéfice, par un nommé Josbert, natif de Dun, qui en était curé, ainsi que le constate l'acte ci-après, extrait d'un manuscrit laissé par Macaire Guinet (1), religieux pré-

(1) Le R. P. Macaire Guinet, d'une famille originaire d'Autun, était cousin de Nicolas Guinet, premier général de la congrégation de Saint-Sauveur ; il avait pour frère un autre Nicolas Guinet, qui fut abbé de Sainte-Marie-Majeure de Pont-à-Mousson. Macaire était maître des novices à Saint-Paul de Verdun, quand le P. Simon Raguet, son prieur, le nomma au vicariat de Brieulles ; élu prieur de Belval, en 1651, il fut rappelé en 1658, sur la demande du sire de Cadenet, à la résidence de Brieulles, qu'il occupait encore en 1665.

montré, qui, lui-même, a desservi cette paroisse.

« Willelmus Dei gratiâ Rhemensis Archiepiscopus
« sanctæ Romanæ Ecclesiæ tituli Sanctæ Sabinæ
« Cardinalis Apostolicæ sedis legatus, Dilectis filiis
« Arnulpho latiq. conventui sancti Pauli Virdunen-
« sis in perp. R. M.; cum ex in juncto nobis officio,
« commissarum nobis Ecclesiarum curam attentam
« gerere debuimus et sollicitudinem. Eas propensius
« diligimus ac sinceriori amplexamur caritatis affec-
« tu in quibus mayor viget et ferventior abundat re-
« ligio. Ea propter vobis, dilecti filii, et per vos suc-
« cessoribus vestris, merito religionis vestræ, intuitu
« quoq. devotionis quam ergo nos geritis, Altare de
« Briola sicut antiquitus prœdecesores vestri posse-
« deruut. Sicut etiam Josbertus clericus vester qui
« illud... vestrum in manibus nostris resignavit
« possedisse dignoscitur, In perpetuum possidendum
« concedimus, ita quod vobis presbyterum in ea ins-
« tituere liceat salvo jure archiepiscopali, quod ut
« perpetu firmitudinis robur obtineat et aliqua mali-
« gnantium perturbatio non possit immutari præ-
« sentis scripti patrocinio sigilli nostri auctoritate
« fecimus communiri. Actum anno Incarnationis D.
« 1171 Data per manum Alexandri Cancellarii. »

Il y avait autrefois à Brieulles deux églises : 1°
l'église paroissiale qui était construite dans l'enceinte
fortifiée du château, à l'extrémité nord du village,
sur le plateau en face de Dun (3). Comme le château,
elle fut ruinée et reconstruite plusieurs fois, notamment en 1610; reconstruite de nouveau en 1641, elle
fut alors placée sous le vocable de la Vierge. Détruite

Elu ensuite abbé de l'Etanche, le 21 décembre 1670, lendemain de la démission forcée de l'abbé Jean Latrompette, Macaire se démit de sa prélature seize mois après son élection,
pour se retirer près de son frère, à Pont-à-Mousson, où il
mourut saintement le 19 janvier 1677.

(1) Cette enceinte portait le nom de *Crie-Die.* Aujourd'hui,
la contrée porte le nom de *Criaudi.*

de nouveau vers 1774, le cimetière actuel fut établi sur son emplacement.

2° La seconde église était placée sous le vocable de Notre-Dame du Rosaire et appartenait au couvent des Prémontrés : séparée du village par le ruisseau, elle servait de chapelle à l'établissement religieux. Réédifiée en 1760, elle forma alors une aile du couvent. Cette église fut vendue comme bien national pendant la Révolution, et démolie en 1792.

L'église actuelle, construite en 1774, au centre du village, dans le style corinthien, est placée sous le vocable de la Sainte-Vierge dans son Assomption. Dans l'intérieur, on remarque une statue de Sainte-Anne, qui se trouvait autrefois dans l'église construite dans l'enceinte du fort, et sur le socle de laquelle on lit cette inscription :

JEAN ROULLON DE MADREULLES ET JEUILLAINE, SA FEMME, ONT FAIT FAIRE CETTE STATUE DE SAINTE ANNE EN 1610.

Cette église possède un assez beau jeu d'orgue et un chemin de croix établis par M. Baudot, son curé, décédé du choléra, le 23 juillet 1854. Ce vénérable pasteur avait eu l'intention de doter son église de verrières ; déjà des fonds avaient été réalisés, mais la mort mit son projet à néant ; ce fut son successeur, M. l'abbé Didelot, aujourd'hui curé de Vadonville et chanoine honoraire de Verdun, qui fit poser les verrières que l'on y voit, et qui sont l'œuvre de M. Petit-gérard, peintre verrier de la cathédrale de Strasbourg.

III.

Nous avons dit qu'avant la Révolution, il y avait à Brieulles un couvent de Prémontrés ou religieux réguliers réformés de l'ordre de Saint-Augustin (1). Sa fondation remontait à 1634. Cette année, Jérôme d'Anchenou, abbé de Saint-Paul de Verdun, neveu et successeur de Denys de Marquemont, archevêque de Lyon, dans ce riche bénéfice, édifia ce couvent avec l'assistance du sire de Cadenet, seigneur de Brieulles pour un huitième, qui s'était retiré en ce village, lieu de sa naissance, après la mort de sa femme, née *de Chirolet*, et de sa fille, décédées toutes deux à Boulogne (en Artois), pendant qu'il en était gouverneur. En 1642, Léonor d'Etampes, nouvellement préconisé pour le siége métropolitain de Reims, décida que cette maison ne porterait pas d'autre nom que celui de *résidence*, dans la crainte que le titre pompeux de *prieuré* n'y attirât, tôt ou tard, des commandataires.

Supprimé à la Révolution, les bâtiments de ce couvent servent depuis longtemps de maison d'école pour les filles et de salle d'école.

---

(1) Ces religieux, dont le fondateur fut saint Norbert, chapelain de l'empereur Henri V (1120), étaient vêtus de blanc, avec un scapulaire pour insigne.

C'est dans cette maison qu'est décédé, an 1774, le *P. de La Hault*, auteur des Annales de Carignan et de Mouzon, savant ouvrage publié en 1822, par M. *l'Ecuy*, ancien abbé général de l'ordre des Prémontrés.

Depuis la fondation de la résidence de Brieulles jusqu'à sa suppression, les titulaires qui, en même temps remplissaient les fonctions de curé de la paroisse, furent :

1° *Cadenet*, sire de Brieulles, rappelé ci-dessus.

2° R. P. *Macaire Guinet*, qui a laissé un manuscrit sur Brieulles.

3° *Jacques Majottel*; il signe comme curé du 10 juin au 8 août 1678.

4. Du 8 août 1678: *Nicolas Pierret*, supérieur de la résidence de Brieulles, signe comme curé au 13 avril 1679.

Jacques Majottel, procureur de la résidence, le remplace, notamment du 18 septembre au 15 octobre 1678.

5° Du 16 mai 1679, et pendant les années 1680, 1681, 1682 et 1683, *Servais Froüart*, supérieur de la résidence et curé.

Il est remplacé du 18 novembre 1679 jusqu'au 7 avril 1680, par *François Rautière*, religieux, suppléé aussi par *François-Edmond Pichelin*, chanoine régulier de la congrégation de l'ordre des Prémontrés, jusqu'au 11 mai 1680, et enfin par *Joachim Fouquet*, procureur, jusqu'au 7 août.

Le même *Joachim Fouquet* du 15 septembre au 18 octobre 1680.

Le 24 novembre même année, *Jean du Hamal*, religieux, signe comme vicaire de Brieulles.

6° *Ch. Biyrois*, prieur, curé de Brieulles, du 15 juin 1683 au 5 juillet 1686. Il a pour vicaire F. *Jean du Hamal*; puis il eut pour suppléant F. *Etienne-Xavier* (fin 1683).

7° *Billotte*, prieur-curé, du 6 juillet 1686 au 5 mai 1687. Il eut pour vicaire F. *Jean Adam*.

8° F. *Nicolas Coffin*, prieur-curé, du 6 mai 1687 au 25 mai 1709. Il est remplacé les 26 et 27 décembre 1699 par *Dominique Jolly*, religieux.

9° *Nicolas Milard*, prieur-curé, du 26 mai 1709 au 22 mai 1721.

François Chenin, religieux, procureur, vicaire-gérant en son absence jusqu'au 9 septembre 1721.

10° *Pierre Crétot*, prieur-curé, du 10 septembre 1721 au 12 janvier 1722.

11° *François Maquet*, supérieur de la résidence, signe l'acte de décès de Pierre Crétot, décédé curé le 12 janvier 1722, à l'âge de 42 ans.

François Chenin est chargé de la paroisse jusqu'au 12 mars 1722.

12. F. *Jean-Henry Moreau*, prieur-curé du 12 mars 1722 au 13 juillet 1738. — Il a, pour le remplacer en son absence, en 1725, F. *Frédéric Briolleux*, procureur; — puis *Jean Lamarre*, religieux; — *Christophe*, religieux, suppléant depuis 1731 au jour de son décès, le 6 août 1734. — F. *Louis Génin*, religieux suppléant du 6 août 1734 au 13 juillet 1738.

François Duvaux, procureur, gère du 13 juillet au 5 octobre 1738; *Philippe-Joseph Mauclerc* religieux, gère en l'absence du curé du 8 au 25 novembre 1739.

Jean-Loup Patel seconde le précédent et le remplace encore en 1742.

13° *Philippe-Joseph Mauclerc*, du 5 octobre 1738 au 2 mai 1785; mais ne signe comme curé que le 7 janvier 1740, et comme prieur-curé à partir de 1742.

Ou trouve comme suppléants: *Jean-Baptiste Fériel* et F. *Jacques Hornassel*, tous deux religieux, en 1740; — *Claude Chéru*, religieux en 1745 et en 1748; — *Thomas Cazo*, religieux, en 1760 et 1761.

Il est suppléé par F. *François Rivière*, en 1779, et comme vicaire à partir du 13 février 1781.

Le premier acte signé par un prêtre approuvé: *François-Michel Brasseur*, est du 26 juillet 1781.

Le dernier acte signé par M. *Mauclerc* est du 30

juillet 1784 ; il est décédé le 2 mai 1785, chanoine régulier prémontré, prieur-curé de Brieulles-sur-Meuse, à l'âge de 73 ans. Son acte de décès a été dressé par *François-Michel Brasseur*, comme prieur-curé, et par *Dominique Godfrin*, son suppléant.

14° *François-Michel Brasseur*, dernier prieur-curé, du 3 mai 1785 au 2 avril 1791. — Après le concordat, il revint à la cure de Brieulles, où il décéda en 1823.

IV.

Plusieurs écarts sont réunis à la commune de Brieulles :

1° La *Ville-aux-Bois*, situé à 4 kilomètres du village, est un ancien ermitage, aujourd'hui converti en ferme, avec pavillon de maître (5 habitants).

2° L'*Etanche* ou l'*Etange*, sur le ruisseau de ce nom, à une distance de 3 kilomètres, est un moulin à deux tournants, avec une huilerie (5 habitants).

3° Le *Moulin d'En-Bas*, à deux tournants, avec une scierie, est situé à 1,500 mètres (7 habitants).

V.

Parmi les personnes marquantes, nées à Brieulles, on peut citer :

1° Herbert, abbé de Saint-Paul de Verdun, fils du seigneur de Brieulles, avança, autant qu'il le put, la construction de l'église de son monastère, commencée par l'abbé Thomas, son prédécesseur. Par traité passé en 1288 (1), cet abbé mit le monastère de Saint-Paul sous la protection de Thibaut, comte de Bar, en lui payant cinquante livres chaque année durant sa vie. Herbert mourut le 23 mars 1202, et fut inhumé dans la nouvelle église, qu'il avait contribué à faire élever, entre la nef et le chœur, où se voyait son épitaphe.

2° Cadenet, sire de Brieulles pour un huitième. Après la mort de sa femme et de sa fille, il entra dans la congrégation des prêtres de l'Oratoire, fondée à Rome, en 1548, par S. Philippe de Néri, et introduite en France, en 1611, par le cardinal de Bérulle. Il fut gouverneur de Dun de 1632 à 1641, puis successivement ambassadeur, aumônier et conseiller du roi

---

(1) C'est sans doute par erreur que le chanoine Roussel, dans son *Histoire de Verdun*, donne cette date 1288, Thibaut II, comte de Bar, ne prit les rênes du gouvernement du comté qu'en 1240 ; c'est Henri III, son fils et son successeur, qui gouvernait le comté à cette époque (1277-1387).

Louis XIII, sous la régence d'Anne d'Autriche. Revenu à Brieulles, il y fit bâtir le couvent dont il fut supérieur et y dota la résidence. Il mourut en ce lieu en 1664, et fut inhumé dans l'église de ce couvent, devant l'autel de la chapelle du Rosaire, qu'il avait fondée (1). — Ses armoiries sont inconnues.

3° Marguerite Vassault, dame de Florimont, dont il a été fait mention plus haut.

Pendant longtemps, deux nobles familles se sont partagé la seigneurie de Brieulles : celle de Jourland, mouvance champenoise, et celle de Vassault, qui, plus tard, toutes deux, se sont alliées à l'illustre maison de Condé, laquelle, naguère encore, était représentée dans le pays par M. Charles-Eugène-Alexandre, dit de Saint-Balmont de Condé, le 6 décembre 1814, chevalier de la Légion d'honneur, membre du Conseil général de la Meuse, maire de Brieulles

---

(1) Voici un extrait du testament du sire de Cadenet, tiré du manuscrit du P. Macaire Guinet :

« Au nom de la Très-Sainte Trinité, Père, Fils et Saint-Esprit, un seul et vrai Dieu que j'adore........ Je: Pierre de Cadenet, Prêtre indigne de l'Oratoire de Jésus-Christ Notre-Seigneur, pauvre et misérable pécheur. Considérant qu'il n'y a rien de plus certain que la mort, ni rien de plus incertain que l'heure d'icelle....... Je donne et laisse à la maison de l'Oratoire de Paris la somme de 400 livres tournois, pour une fois payée, et me recommande aux charitables prières de la communauté et de toute la congrégation. J'ordonne, si je meurs à Brieulles-sur-Meuse, ou en lieu assez proche pour y être porté, d'y être enterré, en l'église que j'entends être bâtie en ma maison, ou si l'on ne peut commodément y faire porter mon corps, d'y envoyer mon cœur s'il se peut. J'ordonne qu'aussitôt après que je serai décédé, il soit distribué à plusieurs maisons religieuses de mendiants ou autres, la somme de 300 livres tournois, pour faire dire dans le mois de mon décès, s'il se peut, quatre cents messes à mon intention et pour le repos de mon âme. J'ordonne que l'on distribue en aumône..... »

et bienfaiteur des pauvres, décédé en cette commune le 30 janvier 1875.

De Saint-Balmont portait pour armoiries : d'azur, au chevron d'argent accompagné en pointe d'une croisette fleuronné au pied fiché d'or ; au chef aussi d'or, chargé d'un lion léopardé de gueules, accompagné de trois morlettes de sable, deux en chef et une en pointe.

De Condé portait: d'azur, ou chevron d'or, avec trois casques de fasce, deux en tête et un en pointe. — En 1280, cette famille portait: d'azur, à la fasce de gueules ; avec la devise LOYAUTÉ et le cri d'arme VIEIL CONDÉ.

FIN.

MONTMÉDY. — IMP. PIERROT.